Ln 11559.

NOTICE

SUR

M. LARRÉGUY

ANCIEN PRÉFET DE LA CHARENTE

Commandeur de la Légion-d'Honneur

PAR

M. BOUNICEAU-GESMON

Membre du Conseil général

ANGOULÊME
IMPRIMERIE CHARENTAISE DE FRUGIER AINÉ
RUE D'IÉNA, 13

1857

M. LARRÉGUY

M. LARRÉGUY

ANCIEN PRÉFET DE LA CHARENTE

COMMANDEUR DE LA LÉGION-D'HONNEUR

De tous les préfets qui ont administré le département de la Charente, il en est un qui les a surpassés tous en longévité administrative, qui a marqué son administration par des actes importants, glorieux, et dont la mémoire est à jamais restée chère au pays : c'est M. LARRÉGUY. Calomnié de son vivant, regretté, honoré, admiré après sa mort, il a eu le sort des plus grands hommes, et il est temps enfin de rendre à ses mânes refroidis la justice qui leur est due, en consacrant ici la voix unanime des populations charentaises, sanctionnée par la voix du tombeau.

Nommé préfet de la Charente le 14 mai 1831, M. LARRÉGUY succédait à deux magistrats qui, venus successivement depuis Juillet 1830, n'avaient fait que passer, pour ainsi dire, dans le département et n'y avaient presque rien fait, soit que le temps ou l'occasion leur eût manqué : c'étaient MM. Bohain et Besson.

M. LARRÉGUY quittait la préfecture de Vaucluse pour la Charente, où il arriva précédé d'une brillante réputation de patriotisme, acquise dans la polémique libérale de la Restauration; il était, en effet, l'un des rédacteurs du *Journal du Commerce*, remarquable entre tous les journaux du temps par la sévérité de ses principes, l'énergie de sa rédaction, l'honorabilité de ses rédacteurs. M. LARRÉGUY avait donc, de sa plume, préparé la révolution de Juillet; il la servit activement de son épée, paya de sa personne dans la protestation des journalistes contre les ordonnances, fut l'un des promoteurs les plus empressés de la royauté de Louis-Philippe, convaincu qu'il était que le meilleur des gouvernements serait une royauté entourée, comme on le disait alors, d'institutions républicaines; il était décoré de Juillet.

Ce n'est pas de M. LARRÉGUY comme homme politique, mais comme préfet, que nous entendons parler ici; à d'autres plus habiles le soin d'apprécier une vie très honorable certainement, mais dont les incidents et les phases nous sont, à notre grand regret, restés encore inconnus.

Il y a deux hommes dans le préfet : l'homme du pouvoir exécutif qui le nomme, puis l'homme du département qu'il administre. Voyons d'abord le premier, nous verrons après le second.

La révolution de Juillet fut accueillie dans la Charente avec enthousiasme. Sorti comme elle des flancs régénérés du vieux libéralisme, comme elle, aussi, modéré; généreux, M. Larréguy en avait le caractère élevé; il était cette révolution elle-même incarnée. Il fut donc accueilli à bras ouverts dans le pays; il y trouva la population debout et armée dans les rangs de la garde nationale, rajeunie, toute palpitante encore de l'enivrement d'une victoire populaire, des souvenirs et de la crainte d'une coalition européenne, émerveillée de sa royauté bourgeoise; une population enfin ouverte à l'entraînement des grandes passions, préparée à l'expansion des grands sentiments. M. Larréguy était orateur, au fond et dans la forme; né sous la zône méridionale, il avait le cœur chaud, la tête active; d'un esprit vif et d'une âme tendre, il avait la parole facile, imagée, mais un peu déclamatoire; il avait le geste sobre, distingué, la voix vibrante, le teint cuivré, l'œil ardent, la poitrine développée, un buste imposant, un large front, encadré d'une chevelure d'un blanc parfait. C'était, en un mot, le tribun, mais le tribun de bon aloi, sage et fougueux, grave et poli, officiel et populaire à la fois. Passionné pour le discours en public, il en recherchait et saisissait avec empressement l'occasion, et que d'occasions n'eut-il pas?

Réception de la visite officielle des autorités, à son arrivée; revues mensuelles de la légion de la garde nationale d'Angoulême, distribution de drapeaux aux bataillons ruraux réunis, anniversaires des 1er mai, 14 juillet 1789, 27, 28 et 29 juillet 1830; réunion des maires à la révision, députation de quelques communes venant dénoncer au préfet leurs maires, leurs percepteurs ou leurs curés qu'elles avaient suspendus, révoqués ou chassés; conflits anarchiques entre des maires d'une part, de l'autre quelques commandants de la garde nationale rurale qui, tout enorgueillis de l'éclat inespéré de leurs épaulettes, voulaient accaparer les deux pouvoirs, civil et militaire ; partout des hommes réunis, passionnés, ceux-ci dans leurs regrets, ceux-là dans un fol espoir; partout des populations agitées, qui, toutes fières d'avoir conquis le gouvernement de la tribune et de la presse, étaient avides des jeux brillants de la parole, en subissaient aisément l'empire et ne demandaient qu'une chose avec leur pain et leur uniforme, à savoir des harangues. — PANEM ET CONCIONES.

C'était aussi le temps où le gouvernement, encore mal assis et peu rassuré sur les dispositions des puissances étrangères, entretenait, à tout événement, dans les masses, l'exaltation politique. On évoquait les traditions guerrières de la première révolution, les souvenirs géminés de Jemmapes et de Valmy. C'était le temps où le fils aîné du roi déclarait à la tribune de la chambre haute qu'il se constituait le prince de la jeunesse française, tout prêt à marcher avec elle, s'il le fallait, contre l'étranger. On s'associait, en fort beaux termes, aux efforts de l'héroïque mais lointaine Pologne. Aussi, des deux mots inscrits sur le drapeau, *Liberté*, *Ordre public*, c'était le premier qui défrayait les discours officiels, et les mots d'indépendance et d'honneur national venant toujours se joindre à l'autre, donnaient à ces discours une forme héroïque et belliqueuse qui transportait les imaginations.

Et M. LARRÉGUY, avec la verve animée de sa parole, avec l'ascendant de son passé, l'autorité de son nom, semblable au dieu qui de son trident soulève ou calme, à son gré, tour à tour les flots agités de la mer; M. Larréguy, sympathique aux populations, maniant admirablement la fibre charentaise, savait passionner ou calmer les âmes, inspirer la confiance, entretenir l'agitation; il faisait gagner du temps au gouvernement, et c'était tout alors pour le gouvernement, pour le peuple et pour lui.

Nous nous souvenons encore de cette harangue qu'il adressa au peuple assemblé dans l'île de la fédération, à L'Houmeau. La troupe de ligne, les gardes nationales d'Angoulême et des environs s'étaient réunies aux vétérans, à la gendarmerie et aux autorités dans un banquet immense, à la vue d'une masse énorme de population qui, échelonnée sur cet amphithéâtre de verdure qui s'étend depuis le haut du rempart jusqu'au pied du coteau, venait s'unir d'intention à ses concitoyens réunis dans l'île.

Une tribune tricolore s'élevait au milieu de l'île. M. le préfet y monta aux acclamations générales, et électrisa ses nombreux auditeurs par d'énergiques paroles en l'honneur de la révolution de Juillet, de son principe et de ses conséquences.

Certes, être à la fois ainsi tribun et préfet, c'était chose anormale, mais c'était l'effet de la situation politique; il le fallait subir, il n'était qu'éphémère. Nous montrerons qu'au milieu de ces agitations qu'il partageait, M. Larréguy ne s'en occupait pas moins, avec le plus grand succès, d'administration proprement dite; mais quand un pays est profondément agité, qu'une société tout entière est ébranlée sur ses bases, qu'un gouvernement nouveau tremble à chaque instant pour son existence, c'est noblement administrer ce pays que de savoir s'emparer de sa confiance, diriger ses sympathies, gouverner ses instincts, et c'est une plus noble tâche encore et plus habile surtout de maintenir l'agitation, source vive de désordres, tout en assurant l'ordre, conciliant les esprits, domptant les convoitises et les amours-propres; tout cela ne pouvait être que l'œuvre d'une intelligence et d'un caractère d'élite, d'un orateur, et c'est ce que sut si bien faire M. Larréguy.

Enfin arriva le moment où le gouvernement consolidé entreprit de faire rentrer la révolution dans son lit, de reconstituer le pouvoir et le règne des lois. La réaction commença, inaugurée par le ministère de Casimir Périer, continuée par M. Guizot. Mais d'abord Casimir Périer lui imprima la fougue de sa nature irritable. M. Larréguy accepta franchement et consciencieusement cette situation nouvelle, qu'il avait appelée de ses vœux; il était convaincu, comme Périer lui-même, de la nécessité de cette réaction, mais il ne passa point tout-à-coup du langage de l'agitation au ton rogue de la répression. Il sut habilement s'emparer de cet autre mot du drapeau, *Ordre public*, et sur ce texte, tout aussi national et patriotique que le premier, il improvisa les plus éloquentes allocutions et les plus raisonnables surtout, car enfin un pays ne saurait vivre longtemps de cette agitation révolutionnaire, fièvre chaude des peuples souffrants, qui, si on ne la coupe à temps, finit par gagner leur cerveau, après avoir atteint leur cœur.

Ce magistrat, en noble cœur qu'il était, se plaça sur le terrain de la conciliation des esprits, faisant appel vers lui à toutes les opinions généreuses. C'était en 1834; le gouvernement, qui appréciait les grandes qualités de son préfet, voulut lui donner un avancement considérable et l'appela à la préfecture de Maine-et-Loire. A cette nouvelle, la Charente fut tristement affectée, et M. LARRÉGUY plus encore, car il s'était attaché au département par de grandes entreprises qu'il tenait à achever; il supplia le gouvernement de le laisser dans un pays qu'il aimait tant, et demanda comme une grâce au roi d'agréer ce refus d'avancement; il ne l'obtint pas sans peine.

Son retour dans la Charente fut un triomphe, célébré par un immense concours à la préfecture. Un banquet de cent cinquante couverts lui fut offert, présidé par la municipalité, en la personne de l'honorable M. Bellamy, maire, qui s'exprima ainsi :

Au premier magistrat de notre département! A notre honorable convié! Je suis heureux d'être ici, mes chers compatriotes, votre interprète en lui offrant l'expression de notre bonheur de le voir au milieu de nous.

Qui mieux que M. LARRÉGUY comprit les besoins et les sentiments patriotiques des Charentais! Qu'il reçoive en ce jour les sentiments de la reconnaissance que commande en nous son désir bien libéral, sanctionné par la confiance du roi, de satisfaire à la fois à l'affection de nos concitoyens et à l'accomplissement de ses grands projets, riches d'avenir pour notre département!

C'est à ce toast que M. LARRÉGUY répondit, entre autres belles choses, celles-ci :

A tous les Français sans exception sécurité complète et jouissance entière de leurs droits tant qu'ils respecteront l'ordre et la loi qui nous protégent tous.

Bienveillance pour les personnes, inflexibilité sur les principes et dans cette voie où vous savez bien maintenant que le sentiment de mes devoirs ne m'abandonnera jamais, où vous avez pu surtout me reconnaître une organisation antipathique à tout ce qui est désorganisation ou désordre ; attendez-vous bien à ne pas me voir convaincu que ma tâche est remplie tant qu'il me resterait à conquérir au trône de Juillet, dans ce département, un seul de ses ennemis. (Applaudissements.)

C'est pourtant dans cette crise réactionnaire que M. Larréguy vit décroître et mourir sa popularité première ; mais semblable au phénix, elle sortit de ses cendres plus nette et plus pure par le grand sacrifice qu'il faisait au département de l'avenir de sa carrière et ses grands travaux d'utilité publique.

Mais quand la foudre a grondé, l'orage est dans la nue ; le gouvernement avait semé l'agitation, il recueillit l'émeute. La Charente avait, comme tant d'autres départements, ressenti le contre-coup de la réaction. Elle avait, elle aussi, dans son sein des hommes jeunes, ardents, qui s'étaient passionnés pour la liberté, la lutte enfin ; ils ne purent passer sur l'heure de l'excès de ces sentiments aux sentiments contraires ; ils se tordirent donc sur ce lit de Procuste qu'on leur creusait, et la réaction fit éprouver un frisson au pays.

Cette Charente, qu'un poète célèbre, moins exact que malin, étranger d'ailleurs à ce pays qu'il ne connut jamais, a fort improprement qualifiée de l'épithète de *molle* (1) parce qu'elle est de mœurs douces, comme si la

(1) Le bouillant Larréguy dans la molle Charente.
       Barthélemy. *(Némésis.)*

douceur et la modération du caractère, loin d'exclure la fermeté, n'en étaient pas toujours, au contraire, le plus inséparable attribut, cette Charente n'a jamais ressenti les crises sociales ou politiques sans donner de fortes preuves de son énergie vitale. C'est là plus qu'en aucune autre région de la vieille France que se livrèrent les plus rudes combats des manants contre les hauts barons; c'est là que l'Anglais eut à dévorer les derniers affronts de son expulsion définitive d'un territoire qu'il avait trop longtemps souillé de sa domination; là que se décidèrent, les armes à la main, les plus hautes et les dernières questions de tolérance et de liberté religieuse dans les luttes suprêmes de la réforme et de l'Eglise; là que les Guise, les Condé, les Montesquieu firent leurs dernières armes; là que les premières lueurs de la révolution furent saluées avec joie; de là que s'élancèrent en 92 vingt-huit bataillons de volontaires pour voler aux frontières et dans la Vendée; là que vinrent expirer les excès de la Terreur, impuissante à égarer des populations naturellement humaines, généreuses, modérées; là que Napoléon Ier put compter tant de vieux soldats d'Egypte et l'un des plus glorieux vainqueurs de Marengo dans la personne à jamais illustre du général Rivaud; là que la Restauration rencontra l'opposition la plus énergique parce qu'elle était la plus modérée, car on attaqua ce gouvernement par lui-même, et M. Delalot sortit de l'urne électorale en agresseur terrible et comme un éclair précurseur de la chute d'une dynastie plus égarée que coupable, et dont il était l'un des plus fidèles et plus vieux serviteurs.

Comment donc, en un tel pays, après la révolution de

Juillet, qu'il accueillit avec transport, la réaction eût-elle été sans effet aucun? Les tristes mouvements de Lyon et de Paris mettaient en émoi toute la France; l'esprit de parti s'agita partout, et la Charente eut, elle aussi, ses crises. On eut à déplorer l'émeute contre le petit séminaire, celle du procès des Vendéens, celle de la croix de mission: émeutes graves, les deux dernières surtout, où une masse considérable d'habitants des campagnes surexcités jetèrent le trouble dans la cité, gardée par deux ou trois compagnies de la ligne. Il n'eût fallu qu'une goutte de sang versé, l'explosion d'un coup de fusil pour entraîner de fâcheuses conséquences; grâce au bon esprit des populations d'une part, de l'autre à l'énergique attitude de M. le Préfet, à son sang-froid et à sa modération, l'ordre fut rétabli sans collision, et, il faut bien le dire, M. Larréguy fut puissamment aidé dans cette noble et lourde tâche par des magistrats courageux, notamment le président du tribunal civil et l'un des membres du parquet d'alors, que l'on distingue aujourd'hui sur le siége du tribunal autant par son érudition que par sa modestie.

M. Larréguy, dans les dix années de son administration, eut à traverser aussi des crises électorales nombreuses; les élections législatives étaient surtout l'objet important des préoccupations du pouvoir; mais jamais M. Larréguy ne s'en mêla qu'en digne magistrat, respectant ses adversaires autant qu'il voulait en être et qu'il en fut toujours respecté lui-même; il savait bien qu'il était l'homme du pouvoir, mais il savait aussi qu'il ne devait l'être que pour le rendre honorable et fort, et non pour l'affaiblir dans de mesquines intrigues ou d'équivoques influences.

. Et cette haute prudence de M. Larréguy contre l'émeute dans les élections, était en lui d'autant plus digne d'éloges que pour se l'imposer il faisait violence à sa bouillante nature. M. Larréguy aimait le pouvoir, il en avait tous les instincts : en comprenant l'urgente nécessité, il en voulait la force, la dignité, et jamais préfet n'en porta plus haut que lui le drapeau ; il y avait même dans son caractère quelque chose de dominateur antipathique à la contradiction. En un mot, s'il y avait en lui du tribun, il y avait aussi mais surtout du décemvir.

Ce qui redoublait en lui cet instinct du pouvoir, c'est la foi vive qu'il avait en la loyauté du gouvernement qu'il servait, et comme il avait au cœur de grandes pensées administratives, il sentait bien que, pour les réaliser, il fallait, avant tout, le jeu régulier des institutions, l'ordre en tout et partout, le respect des lois et du magistrat. Nul n'était peut-être plus que lui enclin par caractère à faire de la force, comme on disait alors ; mais il ne savait pas faire de la force pour se grandir en avancement et décorations ; il ne suffisait pas, à ses yeux, de faire de la force, il fallait en faire à propos, et il montra bien qu'il sut en faire parfois ; il ne recula devant aucune mesure de rigueur lorsqu'elle lui parut nécessaire. Suspension et révocation de maires, de conseils municipaux, annulation d'opérations électorales, avertissements aux fonctionnaires imprudents, suspension solennelle des deux commandants de la garde nationale d'Angoulême, il se montra partout résolu, vigoureux ; et si l'on se reporte aux difficultés administratives du temps, on avouera qu'il ne fallait pas moins de cœur que d'habileté pour en agir ainsi en présence et sous le coup de deux énormes puissances, la tribune et la presse, constamment suspendues, comme l'épée de Damoclès, sur la tête des préfets, qu'elles tenaient en échec et comme en suspicion légitime : c'est vraiment alors que le banc préfectoral était un banc de douleur.

L'un des plus criants abus de ce régime gouvernemental, c'était l'action du député : le député voulait être tout et partout, voulait régner, gouverner, administrer non-seulement par lui-même, mais encore par ses chefs de file électoraux, espèce de *condottieri* politiques pesant sur l'administration; le député était enfin dans l'Etat comme l'araignée au milieu de sa toile, et le pouvoir était en bas.

D'un autre côté, le journalisme parfois malin, souvent injuste, toujours passionné, sapant sans cesse le pouvoir, trop ardent à l'attaque, se servait de toutes armes pour dominer par la terreur. M. LARRÉGUY ne s'émut ni des uns ni des autres. Inébranlable comme l'homme d'Horace, il ne rompit pas d'une ligne sur le terrain de ses droits et de ses devoirs; il eut même le tort de les défendre avec trop d'ardeur en descendant, dans l'arène de la presse, aux misères de la polémique. Opposant son caractère comme la lime à la dent du serpent, il ne voulait pas plus partager son pouvoir que sa responsabilité; ils voulaient en faire un commis, il se montra libre et superbe, préfet enfin et digne de l'être; il entendit être maître chez lui; il voulait rester parmi nous, il fut envoyé dans la Nièvre et fait commandeur. Il succomba donc; mais, comme le chêne de la fable, il osa faire tête à l'orage, aimant mieux rompre que fléchir, et les faibles roseaux qui, flexibles aux vents, coalisés contre lui, l'enveloppèrent de leurs plis pour l'abattre, furent écrasés dans sa chute. Dans ce duel à mort de l'ordre contre l'anarchie des pouvoirs, il tomba pour la défense des principes ; il tomba indépendant, et ses vainqueurs, restés dans l'isolement d'un pouvoir expirant, démantelé, végétèrent quelque temps encore, effrayés de leur victoire, pour tomber à leur tour enferrés sur l'arme brisée de leur triste usurpation.

M. LARRÉGUY était un de ces publicistes qui, pour prendre rang dans la presse, avaient fait bonne provision de savoir. Nourris d'études fortes, ils avaient puisé leurs principes en économie sociale dans le *Censeur européen* et la *Minerve;* en économie politique, aux sources fécondes de l'un de nos plus savants économistes anciens et modernes, Jean-Baptiste Say. Les questions de crédit, de banque, de travail, d'industrie, de progrès moral et matériel leur étaient aussi familières qu'elles l'étaient peu à d'autres écrivains, prévenus contre elles d'une part, de l'autre absorbés dans de fâcheuses préoccupations politiques et religieuses. La Restauration a su, dans les dernières années de son existence, donner à la France une prospérité réelle, mais en administration elle était peu progressiste.

Aussi, lorsqu'après 1830 les hommes nouveaux se répandirent dans les divers degrés de la hiérarchie administrative, ils y portèrent, avec leur butin économique, l'application de leurs idées.

M. LARRÉGUY était actif, intelligent, laborieux. Il avait une merveilleuse aptitude à la conception comme à l'exécution des idées administratives.

A peine arrivé dans le pays, il se mit à l'œuvre ; il

connaissait au bout de six mois tous les points importants de son département; il en connaissait aussi les intérêts, les vœux, les besoins, l'esprit et les mœurs.

Il vit tout d'abord que la richesse du pays était dans la vigne; que ce produit encombrant, soit à l'état de matière première, soit à l'état de produit industriel et commercial, comme esprit, appelait une circulation facile et de nombreux débouchés : à son point de vue général, en économie politique, la facilité des communications étant le nerf de la civilisation, au point de vue particulier de la Charente, elle devait être la source infaillible de sa prospérité.

On ne s'était occupé jusque-là que de routes royales et départementales; il les considérait comme les artères du corps départemental; il fallait bien, pour compléter la vie de ce corps, lui donner des veines. C'est à quoi nul, avant lui, n'avait songé; c'est là la grande œuvre qu'il entreprit et dans l'accomplissement de laquelle il entrevit, comme par une intuition providentielle, le bonheur de la Charente; c'est là aussi qu'il plaça son propre bonheur et sa gloire.

Relier par de bons chemins la commune au canton, le canton à l'arrondissement et les cantons entre eux, l'arrondissement au département et les arrondissements entre eux, tel fut son système de routes, qu'il appela *arrondissementales*.

Certes, rien de plus simple qu'une telle pensée, et la génération nouvelle qui jouit aujourd'hui de son exécution, qui voit partout la circulation et la vie, la mobilisation des capitaux, l'action rapide autant qu'intelligente des forces humaines, la grande question de l'économie du temps résolue; qui voit partout les hommes éclairés, la matière asservie; cette génération-là aura de la peine à comprendre, elle qui n'a pas vu la profondeur de nos ornières, les efforts de ceux qui nous en ont arrachés.

Oui, il y a vingt-six ans à peine, il fallait, pour transmettre une lettre d'Angoulême au chef-lieu de canton le plus rapproché, autant de temps qu'il en faut aujourd'hui pour la transmettre de Londres ou de Berlin à ce même canton. Il fallait trois chevaux pour conduire au négociant d'Angoulême ou de Cognac une pièce de vin ou d'eau-de-vie; un seul cheval en conduit quatre pièces aujourd'hui. L'électeur à 300 fr., voire même le conseiller de département, ne venaient en ville qu'à dos de cheval, alors que le moindre électeur municipal, avec une voiture attelée d'un seul cheval, se conduit lui-même avec toute sa famille aux foires, à la ville, aux marchés. On ne venait qu'une seule fois par an au chef-lieu, lors de la foire royale, et fallait-il encore de grands besoins pour cela, et cette expédition terminée, non sans peine, l'était à coup sûr pour longtemps, tandis que le moindre feu d'artifice, un jour de fête annoncé peu de jours à l'avance y pousse maintenant des masses de populations rurales. On comptait, dans les campagnes, bon nombre d'hommes et de femmes de quarante ans, qui, sans être loin d'Angoulême, ne l'avaient encore jamais vu, et il n'est pas, dans ces mêmes campagnes, un enfant de douze ans qui n'ait vu, parcouru et admiré les boulevards de la cité. Le capital timide ne connaissait pour gage que la propriété foncière avec hypothèque, et il circule hardiment aujourd'hui, par tous les canaux de la combinaison financière, dans toutes les veines du corps social récréé. Elle ne comprendra pas, cette génération nouvelle, que c'était alors le temps des papeteries à bras, des distilleries à deux temps, des moulins sans engrenage, de la glorification de la patache, de l'apothéose du *coucou* (1), et que le *char-à-bancs* à deux roues, aux coussins de bois, suspendu sur l'essieu, était le beau idéal de l'art et du luxe véhiculaires. Il est vrai que, par un heureux dédommagement, c'était aussi le temps où nos mères, nos femmes et nos sœurs étaient autant d'amazones intrépides qui, moins élégantes *peut-être* que celles du bois de Boulogne et des Pyrénées, n'avaient *certainement* pas pour montures la noble postérité d'*Alfane* et de *Bayard*.

Mais tout ce qu'il y a de grand dans le monde a de la peine à naître, à vivre, à grandir : c'est une loi fatale de l'humanité.

C'était peu d'avoir conçu l'idée, il fallait l'exécuter, et c'est là que M. LARRÉGUY fit preuve de courage et de talent. Il faut le voir, en effet, dans l'organisation de cette grande œuvre : l'invention et l'emploi de ses moyens, les difficultés qu'elle eut à vaincre, ses alternatives de vie et de mort, les déceptions qu'elle valut à son auteur et dont il fut victime.

Ce ne fut que le 21 mai 1836 que vint la loi sur les chemins vicinaux, qui organisa les ressources affectées à ce service ; les moyens en nature, en argent, en personnel qu'on lui destina, rien de tout cela n'existait avant elle.

Et pourtant avant cette loi M. LARRÉGUY n'en avait pas moins réalisé dans le département près de cent lieues de chaussées en routes arrondissementales, qui lui coûtaient près de 1,600,000 fr. Comment donc avait-il fait ?

(1) Sorte de voiture à deux roues bien connue de ce temps-là.

Il lui fallait de l'argent et un personnel expérimenté; il n'eut d'abord ni l'un ni l'autre.

Quant aux agents, il pouvait s'adresser aux ponts-et-chaussées; c'eût été, selon lui, une très bonne voie sans doute, mais trop lente et trop dispendieuse; il voulait faire jouir le pays promptement et à bon marché : il recruta donc avec peine quelques agents.

Pour l'argent, il réalisa quelques économies sur des services improductifs, notamment les enfants trouvés, et il classa cinq cent soixante mille mètres en quarante-deux routes arrondissementales, non compris vingt-huit chemins d'embranchement; et comme ces communications étaient conçues et coordonnées dans le sens le plus intelligent des relations commerciales et agricoles du département, le plus grand nombre possible de communes s'y trouvaient rattachées; il piqua donc par là leur intérêt.

Il lui fallait des concessions gratuites de terrain pour redressement et élargissement de chaussées; mais comment l'obtenir dans un pays où le sol a tant de valeur et où l'habitant des campagnes tient à son sol presque autant qu'à sa vie ?

M. LARRÉGUY comprit que le propriétaire serait bien plus disposé à céder à la commune qu'au département; aussi mit-il à la charge des communes le paiement de l'indemnité.

Il fit enfin appel aux souscriptions particulières.

Tels sont les moyens à l'aide desquels M. LARRÉGUY sut pourtant confectionner en 1832 et 1833 plus de vingt lieues de routes arrondissementales; il fit en deux années plus qu'on n'avait fait dans les dix années précédentes.

Un pareil résultat confondit d'étonnement et d'admiration et le conseil général et le pays. M. LARRÉGUY eut de véritables ovations.

C'est alors qu'il conçut l'idée de recourir au crédit; il proposa un emprunt de 1,500,000 fr., applicable partie aux routes arrondissementales, partie aux routes départementales. Le conseil général, dans sa session de 1833, vota cet emprunt avec bonheur, et la combinaison financière pour le remboursement, parfaitement agencée avec les ressources ordinaires du département, mettait pendant cinq ans à la disposition du préfet 2,175,000 fr.

M. le préfet eut donc de l'argent. C'est alors qu'il imprima une vive impulsion aux travaux, eut des entrepreneurs actifs, solvables; augmenta son personnel d'agents-voyers, multiplia les ateliers et vint chaque année accuser au conseil général les résultats accomplis, et recevoir de cette assemblée les plus vifs témoignages d'encouragement et de sympathie.

Et M. le préfet avait en même temps organisé, pour sa garantie, un service de surveillance, de contrôle et d'acceptation des travaux, un ordre de comptabilité financière par commune, par canton, par arrondissement; créé pour cela des commissions mixtes composées d'hommes estimables du pays, de conseillers de département, d'arrondissement, de communes, et des maires.

Ainsi, avant la loi, sans la loi, nous jouissions de quarante communications complètes des chefs-lieux d'arrondissement aux chefs-lieux de canton, des chefs-lieux de canton entre eux et de ces chefs-lieux aux routes royales et départementales, aux principaux marchés ou à des points limitrophes du département.

Dix communications de même nature étaient exécutées en routes départementales.

De grands travaux étaient également entrepris pour rétablir et faciliter la navigation de la Charente.

Et tous les fonds provenant de l'emprunt n'étaient pas consommés, et l'on avait obtenu pour 70,000 fr. de cessions gratuites de terrain; tous les travaux en routes arrondissementales revenaient à plus de 1,500,000 fr., et le département n'avait supporté que les deux tiers de cette dépense: les communes avaient fait le reste.

Les communes avaient fait le reste! elles l'avaient fait librement, spontanément! Comprend-on tout ce qu'il fallut d'abord de talent pour convaincre le conseil général de cette époque de l'emploi du crédit et de ses avantages? Comprend-on ce qu'il fallut ensuite d'efforts pour obtenir tant de secours des populations rurales, elles qui ne sont pas toujours promptes à la conception de leurs vrais intérêts en cette matière et moins encore quand on leur demande de l'argent? Et quand on pense que ces secours en prestations, en numéraire, en cessions de terrain, se sont opérés avec un élan général et en si peu de temps! Ah! c'est que l'administrateur du département avait su habilement multiplier sur presque tous les points importants du pays ses travaux, afin d'en démontrer et d'en faire palper l'utilité; c'est qu'il avait su faire appel au concours de toutes les volontés et avec énergie, persévérance dans ses communications écrites et verbales avec les maires, les gardes nationales, les populations réunies et par tous les ressorts possibles de la circulation des idées; c'est que les populations ne se trompent point sur leurs vrais amis; c'est que M. Larrégui avait su toucher ces populations qu'il aimait, et savait les séduire et les entraîner par l'accent de sa parole et sa haute probité; c'est qu'enfin pour convaincre les autres il faut l'être soi-même, et la conviction de M. Larréguy, c'était une sorte de foi religieuse pour laquelle il eût été martyr au besoin.

Bref, le département de la Charente était le seul en France qui, avant la loi de 1836, fût doté d'un service régulier de chemins de grande communication, et cette loi, la plus bienfaisante du régime parlementaire, ne fut pas difficile à faire; elle n'eut qu'à copier l'œuvre de M. Larréguy, dont elle emprunta en effet le principe, les dispositions, les moyens; et l'on peut répéter ici bien haut ce que l'on disait alors à la chambre des députés, comme à Angoulême, que le véritable auteur de la loi du 21 mai 1836 était le préfet de la Charente.

La loi du 21 mai 1836 fut exécutée dans le département; le classement définitif engloba toutes les routes arrondissementales et d'embranchement dans trente-deux chemins, dont le parcours fut augmenté de cinq cent mille mètres. Il fut donc de un million deux cent cinquante mille mètres en tout..

Lorsqu'en 1837 l'emprunt fut épuisé, on s'aperçut de l'insuffisance des ressources. Cet emprunt avait été contracté en prévision d'un parcours de sept cent mille mètres; il était désormais de un million deux cent cinquante mille, et la dépense, qui était originairement de trois millions, s'élevait, par l'addition des cinq cent mille mètres, à 5,000,000 de francs; que faire alors?

C'est ici que le conseil général se divisa, lui qui jusqu'alors avait été toujours unanime.

M. le préfet et la grande majorité du conseil général et

les populations désiraient jouir promptement et recourir conséquemment au crédit.

La minorité voulait aller plus lentement et marcher avec les ressources ordinaires de la loi.

C'était une question de temps : d'une part on voulait tout faire en cinq ans, de l'autre on voulait tout faire en quinze ou vingt années.

Cette question était grave aux yeux de l'administration, qui, plus que jamais convaincue des bienfaits de son entreprise, voulait de toutes ses forces en faire profiter le plus tôt possible ses administrés. Le préfet était soutenu en cela par toutes les populations qui n'étaient pas encore dotées de chemins dont d'autres jouissaient déjà, alors qu'elles ne devaient pas moins que celles-ci concourir aux charges de l'emprunt consommé.

En 1847, le canton de La Vallette demande, dans une pétition, un nouveau recours au crédit; un honorable membre du conseil général propose alors le vote d'un emprunt de deux millions. Cette demande est ajournée.

En 1839, le préfet propose l'emprunt d'un million, le conseil général adopte le principe, réduit seulement le chiffre à 550,000 fr.

Le gouvernement repoussa cet emprunt, et M. LARRÉGUY fut, à son grand regret, relégué dans l'emploi modeste et lent des ressources ordinaires; de là les grandes tribulations de sa vie.

Il en ressentit une vive douleur; il attribua cet échec à des influences législatives; il en eut du chagrin, du dépit, et par suite quelque acrimonie se glissa dans ses écrits, ses paroles, soit en dedans, soit en dehors du conseil général; il souffrait pour le pays.

D'un autre côté, un journal de l'opposition s'établit à Angoulême, se livrant à quelques attaques peu sérieuses contre l'administration; M. LARRÉGUY, qui n'était pas patient à cet endroit, créa un journal pour se défendre.

Le journal de l'opposition ne vécut pas longtemps, et le journal de la préfecture resta seul avec de grands éléments de prospérité financière fondée par la propagande et les écrits de M. le préfet.

Cette feuille continua la défense, bien facile à tous les points de vue, de l'administration de M. LARRÉGUY, jusqu'au jour où des querelles intestines s'élevèrent entre les rédacteurs et le patron. A partir de cette époque, la feuille prit vis-à-vis de son créateur un ton aigre-doux qui finit par devenir tout-à-fait aigre et tranché.

L'administration se créa un autre organe, et la polémique entre ces deux feuilles devint violente; elle s'agitait notamment à l'occasion des chemins.

A cette polémique vint s'en joindre une autre plus grave entre un membre considérable du conseil général et le préfet : la question seule des chemins en était encore et toujours le sujet.

Cette double guerre de plume allumée, M. LARRÉGUY s'y mêla avec l'ardeur de sa nature et de ses convictions. Il avait une foi si vive en son entreprise qu'il ne pouvait souffrir que d'autres ne l'eussent pas au même degré, et alors il répondait à la vivacité par la vivacité, et ses adversaires, soit au conseil général, soit dans la presse, avaient sur lui, sans avoir son éloquence et sa capacité, cet avantage immense, celui de commander à leur passion et d'opposer à la chaleur le sang-froid, le calme à l'emportement.

C'est dans cette arène de feu que M. Larréguy fatigua ses forces physiques, et chose étrange, cet homme, autrefois habitué aux luttes de la presse, était éminemment accessible à ses piqûres. C'est là qu'il ne compromit pas sans doute mais qu'il affaiblit sa position. Un magistrat quel qu'il soit, moins encore un magistrat de sa valeur, ne doit jamais, même indirectement, participer du journaliste. Des coups d'épingle répétés contre un homme de cœur peuvent à la fin l'irriter; se contenir est difficile et c'est justement le premier de ses devoirs; il est d'ailleurs tant de choses que l'homme public ne doit et ne peut atteindre que par le dédain, la plus cruelle et la plus digne de toutes les armes. L'administration de M. Larréguy était attaquée! Ne devait-il pas savoir qu'il n'est ici-bas rien de grand et de fort qui n'ait été attaqué. Le conseil général, le gouvernement et le pays l'approuvaient, il avait l'estime d'en haut et d'en bas, que lui fallait-il donc de plus? Est-ce qu'après tout il n'avait pas l'approbation de sa conscience, ce contre-fort divin du devoir?

Mais cette faiblesse de l'homme public, si c'en est une, d'où venait-elle, sinon d'une vertu de l'homme privé, de la droiture délicate et de la susceptibilité de son âme? C'est une ombre au portrait de cette grande figure administrative qu'il est temps de résumer ici dans le cadre restreint des résultats de son administration.

En 1842, époque de sa sortie du département, achèvement de plus de la moitié de un million deux cent cinquante mille mètres de chaussées, les routes départementales bien avancées, la navigation restaurée.

Le droit perçu sur les voitures publiques et transports, qui était pour toute la France double de ce qu'il était en 1833, était sextuplé dans la Charente et vingtuplé dans quelques-uns de nos arrondissements.

La valeur vénale de la propriété singulièrement accrue.

Un accroissement de forces motrices naturelles évaluées alors par M. l'ingénieur en chef à plus de deux cent cinquante chevaux.

En 1833, nous comptions trois machines à vapeur et vingt-huit à bras, produisant un million deux cent mille kilogrammes de papier, évalué 1,900,000 fr.

En 1842, vingt machines en activité, six à bras, produisant trois millions deux mille huit cent trente kilogrammes de papier, d'une valeur de 6,000,000 de francs.

Accroissement de trois cents pour cent.

Pour les usines à fer, accroissement de cent pour cent.

Etablissement d'un comptoir d'escompte et multiplicité de banques particulières.

L'instruction primaire, presque nulle en 1831, dotée dès 1832, avant la loi, sans la loi, d'une école normale, d'une commission administrative d'examen, d'où sortent vingt instituteurs en 1833 et où quarante élèves-maîtres reçoivent l'instruction nécessaire ; le nombre des écoles publiques s'élevant de cent vingt-neuf à trois cents.

Les vaccinations, dont le nombre s'élève de deux mille deux cents à onze mille.

Des mesures de salubrité et de fécondation dans l'écoulement des eaux de la Charente.

La mendicité éteinte au chef-lieu du département par la création d'un dépôt de mendicité.

Des salles d'asile complétant le système de répression de la mendicité et donnant aux pauvres enfants le double bien de l'éducation et des secours alimentaires.

Des réparations aux prisons, une meilleure classification des détenus, et des ateliers de travail organisés.

La grande question des enfants trouvés, sinon résolue, du moins savamment étudiée, et la réforme résolument entamée sur ce service et produisant 50,000 fr. d'économie par an au département.

Une école d'agriculture fondée en 1837.

Un comice agricole par canton.

Une caisse d'épargne et un collége royal à Angoulême.

Le plateau de la cité rendu accessible aux messageries, et l'ascension des eaux de la Charente étalées sur le point culminant de cette ville, au grand désappointement des porteurs d'eau, mais à l'admiration générale d'une population réduite à la douloureuse épargne du plus indispensable des éléments d'hygiène et de salubrité.

Et les hommes utiles et éclairés du pays encouragés, récompensés, honorés.

Le progrès enfin apparaissant partout sous la main d'une administration palpitante de sève et d'animation, de patriotisme et de grandeur.

Une administration de onze années, chose unique en ces temps d'instabilité gouvernementale !

Et voilà ce que M. Larréguy ne voulait pas quitter, voilà ce qu'il voulait continuer et finir ; mais il avait trop de valeur pour échapper au serpent de l'envie.

En janvier 1842, il est encore menacé de cet avancement qu'il avait évité en 1834, mais qu'une influence cruelle lui imposera cette fois. Il lutte contre le ministre, il lutte pour rester dans la Charente, il porte jusqu'au trône sa noble insistance, qui ne fut pas comprise ; le combat dura vingt jours, avec des alternatives de succès et de revers, car le préfet écrivait à l'un de ses amis : *Enfin, la victoire me reste, je suis maintenu à Angoulême.*

Mais un destin fatal l'emporte, il est nommé dans la Nièvre. On cherche à le consoler par la perspective des grandes choses qu'on lui donne à faire en ce pays; on l'élève à la haute dignité de commandeur : vaines et cruelles consolations! c'est la Charente qu'il aimait, c'est elle qu'il voulait servir, c'est là, ce n'est que là qu'il voulait vivre, travailler, se dévouer et mourir.

C'est alors que, l'âme brisée de chagrin, il écrivit à ses nombreux amis du conseil général cette lettre :

<small>Monsieur et cher Conseiller,</small>

Je le sens au déchirement que j'éprouve, tout est fini à l'heure qu'il est.

J'ai cessé d'être administrateur dans la Charente.

La Charente saura du moins par quels efforts et quels sacrifices, jusqu'au dernier moment, j'ai résisté à une séparation qui devait tant me coûter.

Je ne demandais qu'à y finir ma carrière administrative, qu'à lui consacrer tout ce qui me restait de jours actifs, à m'acquitter de la dette de reconnaissance que m'impose à tout jamais un concours si soutenu, si énergique, durant plus de dix années, de tous les conseils élus du département, de toutes les influences honorables et désintéressées.

L'autorité supérieure use de son droit, je n'avais plus qu'à m'y soumettre.

La position à laquelle la confiance du roi m'appelle m'offre sans doute l'occasion de nouveaux services à rendre sur un des points les plus intéressants du royaume par son avenir industriel et commercial et les immenses travaux qui s'y accomplissent ou s'y préparent ; mais elle n'est point de nature du moins à laisser supposer qu'après la Charente, si prodigieusement grandie depuis dix ans, elle ait pu tenter mon ambition ; j'y porterai tout mon dévouement au pays et au roi, mais aussi tous mes regrets et toutes mes convictions.

Je ne demande aux Charentais que de se souvenir de ce que nous avons fait ensemble et d'entourer mon successeur de cet énergique et bon vouloir qui m'a été si secourable et qui leur a tant profité, car s'il a été beaucoup fait, il reste beaucoup à faire.

Transmettez à vos concitoyens mes tristes adieux ; puisque je ne suis pas en position de le leur assurer moi-même, je leur reste attaché par le cœur et par le sol, *et quand ils le voudront, je serai tout à eux encore.*

Signé LARRÉGUY.

Tel fut cet homme. Il est tout entier dans cette lettre. Quel noble cœur ! On a pu voir avec quelle réserve nous avons, en faisant l'histoire des dernières années de son administration, parlé de sa polémique et de ses adversaires, que nous n'avons même pas nommés. Puissent-ils avoir eu, comme lui, l'approbation de la conscience ! Aujourd'hui que la tombe a tout refroidi, que le voile épais des passions est tombé, le jour seul de la vérité doit paraître ; récriminer serait indigne des mânes sacrés du grand magistrat : ils crient justice et rien de plus !

Il emportait au cœur comme une flèche empoisonnée et le regret de quitter la Charente, et les coups de la presse, la presse, arme terrible que peu de bras savent manier, et qui, bien différente de la lance d'Achille, ne guérit pas toujours les blessures qu'elle a faites. Il ne survécut pas longtemps à ces deux cruelles plaies : il mourut huit mois après notre séparation. Entré dans l'administration sans fortune, il en sortit pauvre, et ses enfants ont pour tout patrimoine la dot de leur digne mère. Aux qualités de l'homme public et du magistrat, il unissait toutes les vertus privées, et chaque soir il se délassait de ses travaux par les joies saintes et les pieuses voluptés de la famille. Il mourut en murmurant les mots : *Charente, Charentais.* C'est qu'il aimait ce pays comme on aime ses enfants, mieux encore, comme on aime la patrie : et le pays lui donna des larmes. Oui, tant que la Charente et la fontaine de Vaucluse rouleront leurs eaux vers la mer, la mémoire de ce préfet vivra respectée dans les contrées qu'elles arrosent, et les noms de TURGOT et de LARRÉGUY seront à jamais associés dans le culte des souvenirs et les bénédictions de la Charente.

Angoulême. — Imprimerie Charentaise de FRUGIER aîné, rue d'Iéna, 13.

www.ingramcontent.com/pod-product-compliance
Lightning Source LLC
Chambersburg PA
CBHW060914050426
42453CB00010B/1714